LES

STATIONS HIVERNALES

DU SUD-OUEST

PAU — BIARRITZ — DAX
ARCACHON

PAR

M. Eugène TRUTAT

CONSERVATEUR DU MUSÉE D'HISTOIRE NATURELLE
DE TOULOUSE

TOULOUSE
IMPRIMERIE DURAND, FILLOUS ET LAGARDE
44, RUE SAINT-ROME, 44

1885

LES

STATIONS HIVERNALES

DU SUD-OUEST

PAU — BIARRITZ — DAX
ARCACHON

PAR

M. Eugène TRUTAT

CONSERVATEUR DU MUSÉE D'HISTOIRE NATURELLE
DE TOULOUSE

TOULOUSE

IMPRIMERIE DURAND, FILLOUS ET LAGARDE

44, RUE SAINT-ROME, 44

1885

LES STATIONS D'HIVER DU SUD-OUEST

Par M. Eugène Trutat,

Conservateur du Musée d'Histoire naturelle de Toulouse.

Il y a déjà bien des années, quelques anglais, malades ou simplement ennuyés des longs hivers de leur pays, venaient demander à la Touraine un climat moins rigoureux et un ciel plus ensoleillé que celui de l'Angleterre. C'est ainsi que s'est formée la première station d'hiver, et cet essai n'a été que le prélude d'une série d'installations semblables, qui se sont successivement établies.

Un jour, en effet, ces mêmes touristes anglais découvraient dans le Béarn une localité merveilleuse, de beaucoup supérieure à celles des bords de la Loire, et Pau leur sembla réunir toutes les conditions désirables. Aussi, une colonie anglaise fut-elle rapidement installée sur les bords du Gave.

Bientôt également, Biarritz devenue à la mode par ses bains de mer, s'organisa pour la saison d'hiver; Arcachon suivit son exemple et Dax, enfin, aménagea ses eaux chaudes, ses thermes, de façon à offrir aux malades le moyen de suivre un traitement thermal pendant la saison des froids, chose impossible tout autre part.

Pau, Biarritz, Dax, Arcachon, tout en ayant de commun

un climat tempéré, ont chacune leurs qualités spéciales et doivent leur réputation précisément aux conditions différentes dans lesquelles elles se trouvent, aussi convient-il de les étudier séparément.

Pau.

L'ancienne capitale du Béarn, possède bien toutes les qualités que demande une station d'hiver ; mais elle se distingue de toutes les autres par cette particularité : le calme de l'atmosphère, et tous les médecins s'accordent à reconnaître que c'est là une des meilleures conditions pour le traitement des maladies de poitrine.

Pau est, en effet, à l'abri du vent du Nord, cette calamité de Nice et de toutes les stations méditerranéennes, grâce aux collines qui s'étagent derrière elle. Le vent du Sud est également détourné par la grande chaîne des Pyrénées, qui forme au devant d'elle une haute barrière. Mais cette barrière n'est point une simple muraille, elle forme un triangle au fond duquel se trouve placée la ville de Pau. Cette configuration produit alors une déviation dans le courant Sud, et le rejette de droite et de gauche. D'un autre côté, le courant atmosphérique qui continue sa marche directe est rejetté à une grande hauteur ; il passe donc en partie au-dessus de la vallée, et si par une cause quelconque il se recourbe vers la plaine, il a perdu la plus grande partie de sa force, et s'est singulièrement rafraîchi au contact des cîmes élevées.

Absence de vent, voilà donc le caractère essentiel de Pau ; mais il n'est pas le seul, et nous devons placer immédiatement à côté la douceur et la régularité de son climat.

D'après M. de Valcourt, voici qu'elles seraient les températures moyennes :

Hiver $6° \frac{9}{10}$; printemps $14° \frac{8}{10}$; été $22° \frac{5}{10}$; automne $13° \frac{6}{10}$.

Ces chiffres ne peuvent cependant donner une idée exacte, ou du moins suffisante, sur le climat de Pau, et à cette donnée il faut ajouter que les variations brusques de température y sont inconnues, que la marche du thermomètre est d'une régularité remarquable.

Enfin, à température égale, il fait moins froid à Pau qu'à

Rome, par exemple, grâce au défaut d'humidité libre dans l'air, condition défavorable, essentiellement malsaine de la péninsule italienne.

Voilà qu'elle est la caractéristique médicale de Pau, conditions essentielles pour une bonne station d'hiver; mais à cela il convient d'ajouter d'autres avantages qui, pour être moins importants, ne manquent pas cependant de compléter fort heureusement ceux que nous venons d'énumérer.

La ville, bâtie en amphithéâtre, au-dessus du Gave, est percée de larges rues ; de plus, le sol perméable qui la supporte ne permet pas aux eaux de séjourner dans le sol ; toutes conditions hygiéniques des plus favorables.

Mais ce qu'il faut citer surtout c'est la vue admirable qui se déroule aux pieds du spectateur, qu'il soit arrêté sur la place Henri IV ou mieux encore sur la terrasse du château.

Au premier plan, le Gave roule ses eaux transparentes, au milieu des vertes prairies du bas Jurançon ; au-dessus, s'étagent les derniers échelons des Pyrénées, côteaux rendus fameux par les vignes qui donnent ce fameux vin de Jurançon, premier breuvage du roi vaillant. Enfin, au fond, les cîmes azurées des Pyrénées barrent l'horizon, et pour éviter la monotonie d'une ligne continue, se brisent subitement pour donner place au Pic-du-Midi d'Ossau, à la forme singulière.

Les vallons qui s'ouvrent dans les côteaux de Jurançon, sont tous d'une fraîcheur charmante et permettent de nombreuses et ravissantes courses à cheval. Aussi, de tous côtés, se sont élevées des villas pittoresques, et les Anglais n'ont pas tardé à transformer en un véritable parc toute cette région.

Enfin, Pau et son château sont fort intéressants à étudier; le souvenir du grand roi se retrouve à chaque pas et cette grande figure, si française en tout, anime encore l'ancienne capitale du Béarn.

Biarritz.

Biarritz est surtout connue comme station de bains de mer, et il peut paraître surprenant tout d'abord de nous voir ranger parmi les stations d'hiver, la côte des Basques ou la plage des Fous. Depuis quelque temps déjà la plus part des maisons meublées ont leur installation d'hiver, et les Anglais ne sont pas seuls à venir passer la mauvaise saison au bord de la mer.

Chose surprenante, la moyenne thermométrique de l'hiver est plus élevée qu'à Pau ; elle est de $7° \frac{7}{10}$ au lieu de $6° \frac{9}{10}$ soit un degré en chiffres ronds.

Cet effet est dû au courant du Gulf-Stream, dont la branche des côtes de Gascogne vient battre la côte et réchauffer l'atmosphère par la masse de ses eaux chaudes.

Biarritz n'est plus abritée contre les vents comme Pau, mais les effluves maritimes sont, dans bien des cas, un agent thérapeutique excellent.

Au point de vue pittoresque, Biarritz ne peut avoir la prétention de lutter avec la capitale du Béarn, et cependant rien n'est beau comme la vue des côtes d'Espagne lorsqu'un temps clair permet de distinguer les silhouettes mouvementées des Pyrénées espagnoles : du pic de la Rhûne à la montagne des trois couronnes.

Enfin, la mer est admirable à Biarritz lorsque la tempête pousse la vague sur les rochers du port vieux et sur ceux du phare ; mais elle devient effrayante lorsqu'on la voit défendre l'entrée de l'Adour, et que quelque navire en détresse tente de franchir la redoutable barre de Bayonne.

Il ne faut pas croire cependant que les environs de Biarritz n'offrent aucun sujet d'excursion ; tout au contraire, il est facile de faire de charmantes promenades; seulement la plupart d'entre elles demandent un peu plus de temps que celles que nous avons citées aux environs de Pau.

Bayonne est à quelques minutes, grâce au chemin de fer à voie étroite, qui relie les deux villes. C'est là un sujet de promenade facile, et que mille et une circonstances vous entraînent à faire; 12 trains par jour rendent encore la chose plus aisée.

Saint-Jean de Luz est maintenant une station de la ligne de Paris à Madrid et ne demande que 50 minutes de voyage. C'est là et à Bayonne que se trouvent encore quelques armateurs pour la pêche de la baleine, derniers survivants des baleiniers basques, qui trouvaient dans le golfe de Gascogne les cétacés nécessaires à leur industrie : depuis longtemps ces utiles animaux ont abandonné nos côtes pour aller se réfugier vers le Pôle. De temps en temps cependant il se rencontre quelques sujets attardés sur nos côtes, et tout dernièrement une femelle est venue s'échouer près de Biarritz.

Mais une course que ne manquent jamais de faire les baigneurs, est celle de la curieuse ville Espagnole de Fontarabie, bâtie sur les bords de la Bidassoa, à quelques pas seulement de la frontière. Enfin, les plus courageux poussent jusqu'à Saint-Sébastien, et si l'époque de l'année est bien choisie, ils peuvent assister à une course de taureaux; ce spectacle si Espagnol, si épouvantable et si captivant à la fois.

Dax.

Dax, station d'hiver, est chose toute nouvelle, datant de quelques années à peine. Ici, nous n'avons plus à faire à une localité privilégiée ; grâce seulement à la douceur de son climat, comme nous venons de le voir à Pau et à Biarritz, Dax, tout en étant en partie abritée par les vents, tout en ayant des hivers plus doux encore qu'à Pau, Dax est surtout remarquable par ses eaux minérales, et celles-ci ont sur leurs congénères l'avantage énorme d'être utilisables en toutes saisons; et elles possèdent des qualités (boues minérales) que l'on chercherait inutilement ailleurs.

Dax est une petite ville des Landes, bâtie sur les bords de l'Adour, au milieu des forêts de pins et à quelques kilomètres de la mer. Elle doit certainement sa fondation, par les Romains, à la présence des sources chaudes, *Aquæ Tarbellicæ*, qui naissent de tous côtés et dont la plus importante est située au centre même de la ville.

Au point de vue thermométrique, Dax occupe le premier rang parmi les stations hivernales que nous étudions; la température moyenne de l'hiver est de 2° 1/2 plus élevée que celle de Pau, et cependant Dax est située plus au Nord. La moyenne est de 8° à 9°; et la journée médicale, c'est à dire de 11 heures à 3, est rarement au dessous de 12°.

Cette température élevée, et qui possède encore cette qualité maîtresse de varier fort peu, est localisée à la ville de Dax ; elle ne dépasse pas un rayon de quelques kilomètres. Elle est certainement due à l'échauffement du sol par l'énorme nappe d'eau chaude qui occupe le sous sol de la région Dacquoise et vient se faire jour dans la ville même. Le débit de ces eaux, dont la température est de 70° est énorme (plusieurs millions d'hectolitres), et il n'est pas étonnant qu'elles influent fortement sur la température.

Cette nappe d'eau souterrraine suit le cours de l'Adour, et passe au-dessous du fleuve, au niveau de Dax; aussi, de nombreuses sources viennent-elles se faire jour dans les berges et même au milieu des eaux de l'Adour.

Je n'ai pas à m'occuper ici de la composition des eaux de Dax et de leur emploi; je me contenterai de dire qu'elles sont souveraines dans le traitement du rhumatisme et surtout de cette variété si commune de rhumatisme *a frigore*.

Je ne peux cependant passer sous silence un fait tout particulier à la station de Dax, celui du traitement par les boues thermales : qu'est-ce donc que ces boues ?

L'Adour est sujet tous les hivers à de fortes crues, qui laissent déposer sur les prairies basses qui longent ses bords, une épaisse couche de dépôt limoneux. Partout où ces vases sont en contact avec les eaux sulfatées chaudes, il se produit une transformation fort curieuse, et ces boues deviennent médicinales.

Sous l'action de la lumière et de la chaleur, se développe rapidement une abondante végétation d'algues d'espèces spéciales. Comme toute matière organique, ces végétaux réduisent le sulfate de chaux des eaux thermales et mettent en liberté une petite quantité de soufre et d'hydrogène · mais celle-ci n'est pas assez considérable pour donner cette odeur désagréable que l'on connaît. L'effet le plus important produit par cette végétation est de transformer ce dépôt, purement minéral, tout d'abord en une véritable tourbe vivante, onctueuse, dans laquelle les propriétés émollientes viennent s'ajouter aux propriétés minérales de l'eau thermale.

Les boues de Dax ne sont donc autre chose que des produits secondaires, mais ceux ci sont obtenus naturellement et ne sont nullement fabriqués de toutes pièces par les établissements thermaux et pour les besoins du service. Les boues naturelles sont récoltées en certains points plus favorablement disposés, au Roth principalement, et transportées dans les baignoires.

L'installation par trop primitive des anciens établissements de Dax, a trop longtemps porté tort à cette station; mais aujourd'hui, une société puissante a opéré une transformation complète, et les thermes de Dax offrent aux malades le confort le mieux compris, peut-être, de tous nos établissements thermaux du Midi. Aussi, les dernières expositions ont-elles toutes décerné aux thermes de Dax, les premières récompenses, et nous avons été unanimes, à notre exposition de géographie, pour décerner à cet établissement notre grand diplôme d'honneur.

Ajoutons enfin que la direction de cet établissement a été confiée à un homme d'éducation parfaite, et que certainement c'est à M. Chenau-Faure que l'on devra une grande partie du succès des thermes de Dax.

Ici encore nous devons ajouter que les environs de Dax sont charmants à visiter; le sol des Landes n'est pas, comme se plaisent à le dire certains écrivains, l'image de la misère, et la vallée de l'Adour, surtout dans cette région de la Chalosse, où se trouve bâtie la ville de Dax, est, au contraire, une contrée fertile, accidentée et remarquable surtout par des arbres superbes, chose peu ordinaire dans le Midi. Le chêne, le platane s'y développent admirablement, et il n'est pas de baigneur qui n'aille admirer le chêne de Préchacq ou encore le chêne de Saint-Jean. Bien des malades du pays viennent demander leur guérison à l'arbre miraculeux, mais c'est principalement dans la nuit de la Saint-Jean que les bons Landais font leur pèlerinage, et chacun d'eux fixe à l'arbre bienfaisant une petite croix de bois.

Les amateurs de chasse vont courir le lièvre, et quelquefois le sanglier, voir même le loup, dans les forêts voisines.

L'on peut également aller visiter les salines importantes des environs, ou faire un pieux pèlerinage au Pouy, berceau de saint Vincent-de-Paul. La maison du bienfaisant pasteur a conservé toutes ses dispositions premières; dans une chambre, transformée en chapelle, existe encore la croix sur laquelle il avait l'habitude de prier.

Un peu plus loin, Notre-Dame-de-Buglosse attire également de nombreux pèlerins, et sa source miraculeuse aurait guéri bien des infirmes.

Enfin, les forêts de pins qui séparent la ville de la mer permettent de s'initier à l'industrie si curieuse des résiniers.

Arcachon.

Arcachon est de toutes les stations hivernales du Sud-Ouest celle qui est placée le plus au Nord, et cependant sa moyenne thermométrique est à peine inférieure à celle de Pau. Voici, quelle est la marche de la température : hiver, $6°\frac{7}{10}$; printemps, $17°\frac{5}{10}$; été, $19°\frac{8}{10}$; automne, $14°\frac{8}{10}$.

Ici encore nous avons à signaler l'égalité du climat et l'absence de ces variations brusques, défaut capital de bien des stations du Sud-Est.

Arcachon est de création toute récente; son nom lui-même est tout moderne, car il signifie résine, dans le langage du pays, et l'industrie résinière date à peine d'une soixantaine d'années.

En 1830, il n'existait là que quelques cabanes de pêcheurs, et l'on ne pouvait arriver à Arcachon qu'à cheval ou sur des échasses; ce n'est qu'en 1845 que fut élevée la chaussée qui vient de la Teste. Enfin, le grand mouvement qui a fait Arcachon date de l'époque de la construction du chemin de fer, et M. Pereire a contribué puissamment à mettre à la mode Arcachon et sa forêt.

Le bassin d'Arcachon est une grande baie triangulaire de 80 kilom. de tour, qui communique au Sud avec l'Océan au cap Féret, le *Curianum promontorium* des Romains. Les bains de mer sont installés sur une plage sablonneuse à pente très douce, et il ne leur manque que le coup de lame de l'Océan pour être parfaits.

Mais ce qui doit surtout nous intéresser est la ville d'hiver, la ville de la forêt. Le caractère essentiel de la station d'Arcachon est précisément d'être installée au milieu des bois de pins, et c'est en grande partie aux émanations résineuses dont l'air est saturé que l'on doit les cures merveilleuses obtenues par le séjour au milieu de ces forêts.

Ici, pas d'hôtel aux réunions nombreuses et souvent trop mouvementées; mais, au contraire, des chalets aux proportions modestes, et dans lesquels chaque famille peut s'installer commodément. Ceci n'empêche pas cependant de rencontrer à Arcachon des habitations somptueuses, et qui luttent d'élégance et de confort avec les plus belles installations de Biarritz.

Un casino, genre espagnol, permet aux oisifs de trouver toutes les distractions habituelles aux stations thermales, et un laboratoire maritime donne aux naturalistes l'occasion d'études intéressantes.

Enfin, dans les environs, quelques courses intéressantes permettent de connaître le pays, et de compléter, par un exercice salutaire, les bons effets de la forêt.

Dans les pâturages des Landes, l'on pourra rencontrer encore quelques bergers perchés sur leurs échasses et tricotant des chaussons de laine; mais c'est là un usage qui tend à disparaître rapidement, depuis que les routes et les canaux transforment le sol marécageux de la contrée.

Autrefois, les bergers landais menaient une vie nomade à la suite de leur troupeau; ils campaient chaque nuit dans un parc, cabanes primitives entourées de palissades, et ne revenaient chez eux que pour renouveler leurs provisions. La hauteur des bruyères et la profondeur des marais les obligeaient à se servir d'échasses longues, et leur habileté était telle qu'ils dansaient perchés sur leurs jambes de bois.

Le mouton n'est pas seul élevé dans les Landes, et il existe une petite race de bœufs particuliers à ces contrées. Le bouvier ne fréquente pas les parcs; mais il traîne après lui une sorte de hutte roulante qui lui sert d'abri pendant la nuit.

Enfin, dans quelques points existaient des bandes de petits chevaux presque sauvages, aux allures rapides, mais au caractère indomptable.

La civilisation, en s'emparant des Landes de Gascogne, a rapidement transformé ce curieux ensemble, et bientôt tout ceci ne sera plus qu'en souvenir archéologique.

La visite d'une exploitation de pins est aussi fort intéressante, et cette industrie, relativement récente, loin d'être vouée à une disparition prochaine, ne fait que s'accroître d'année en année.

Au siècle dernier, l'immense étendue qui va de Bordeaux à Bayonne était une lande aride, sablonneuse et complètement inculte. Sur les bords de la mer, les sables accumulés sous l'action des vents formaient une série de dunes, sorte de collines mouvantes qui atteignaient quelquefois 80 mètres de haut. Ces dunes avaient pour effet de former une barrière qui s'opposait à l'écoulement des eaux et transformaient en marécages toutes les terres situées derrière elles. De plus, ces dunes, poussées continuellement dans l'intérieur des terres, menaçaient d'envahir tout le pays et d'étendre au loin la zone inculte des Landes.

Un ingénieur, Brémontier, après avoir très complètement étudié la composition du sol et surtout le mode de formation des dunes, entreprit d'arrêter cette marche en avant des sables, cause de tout le mal.

Le remède employé était des plus simples, et déjà le Portugal avait réussi, cinq siècles auparavant, à se préserver d'un semblable envahissement; il s'agissait de fixer des dunes par des plantations de pins. Mais lorsqu'il s'agit de changer les habitudes de nos campagnards, il faut entrer en lutte, et trop souvent la routine reste maîtresse. Aussi, Brémontier eut-il à lutter longtemps contre les difficultés de tout genre; malgré tout, il réussit au-delà de toute espérance, et plus tard les populations reconnaissantes élevèrent à La Teste un cippe de marbre, destiné à perpétuer le souvenir du sauveur des Landes.

La culture du pin maritime fait la fortune du pays, et rien n'est plus facile que de transformer en forêt les dunes de sable. Les semis n'ont besoin d'aucun soin particulier, et à l'âge de dix ans se fait une première éclaircie qui donne déjà des revenus satisfaisants. C'est à vingt ans seulement que commence la récolte de la résine, et elle se continue jusqu'au complet développement de l'arbre; celui-ci, abattu, donne encore du goudron, du bois et du charbon.

Rien n'est curieux comme de suivre les travaux des résiniers. Aussitôt qu'un arbre est assez développé, le résinier pratique dans la terre, au pied de l'arbre, un *crot*, sorte de réservoir de 20 centimètres de diamètre environ. Au mois de février, il enlève, au moyen d'un racloir en fer, une longue bande d'écorce de 50 centimètres de long environ, de 12 de large, qui ne doit pas entamer le bois et qui doit atteindre le liber. Au bout d'un mois, il fait une entaille dans le bois, et cette opération se continue, de huit jours en huit jours, jusqu'au sommet de la *care* ou plaie faite en enlevant l'écorce. La résine commence bientôt à suinter à chacune de ces entailles; elle coule le long de la plaie et va se réunir dans le bassin creusé en terre.

L'année suivante, l'entaille est prolongée d'une même quantité vers le haut ; mais la résine est reçue dans un pot en terre fixé au bas de la plaie nouvelle. Au bout de trois ans, la care est abandonnée, et le résinier en ouvre une autre sur le côté opposé.

Pour s'élever à la hauteur voulue, le résinier fait usage d'une échelle très primitive, appelée *pitez*. C'est une perche de 10 à 12 centimètres de diamètre, et de 4 à 5 mètres de long, pointue à la tête, fourchue à la base, sur laquelle ont été ménagées des saillies qui servent d'échelons. Pour se servir de cet instrument, le résinier le dresse, contre l'arbre, le pied à 1 mètre environ du tronc. De la main gauche il saisit le pitez, de la main droite il s'appuye contre l'arbre avec sa hachette, et il monte rapidement à la hauteur voulue. Là, il fixe le pied droit sur un des échelons et passe l'autre en travers, de manière à retenir le pitez avec la jambe, en appuyant le dessus du pied contre l'arbre. Mais dans toute cette manœuvre le résinier use de son pied d'une façon toute particulière ; son orteil est devenu, par l'usage, très mobile ; il s'écarte facilement des autres doigts et lui permet de saisir, en quelque sorte comme avec la main, les saillies de son pitez. C'est là un effet remarquable d'adaptation voulue, et que les voyageurs ont souvent signalée chez certaines peuplades sauvages, qui grimpent aux arbres en s'aidant des pieds et des mains.

L'adresse et la légèreté des résiniers landais est surprenante ; un bon ouvrier arrive à exploiter dans une année plus de 2,000 pins.

La résine qui découle le long des entailles est de deux qualités ; l'une, dure et opaque, forme des goutelettes transparentes et coule lentement, l'autre est opaque et couvre toute la surface de la care.

La résine se récolte en automne et, convenablement traitée, elle donne l'essence de térébenthine, le brai, le goudron et la colophane.

Une autre industrie particulière au bassin d'Arcachon est celle de l'élevage des huîtres. Les parcs établis sur les hauts fonds consistent en clayonnages dans lesquels on place les jeunes huîtres et où elles atteignent leur complet développement. Une bonne partie de la population des pêcheurs d'Arcachon s'occupe de cet élevage, et y trouverait une source de bénéfices considérable si les tempêtes ne venaient pas quelquefois détruire les parcs péniblement établis.

En résumé, les stations de Pau, Biarritz, Dax et Arcachon, forment un ensemble complet : chez toutes le climat est d'une douceur remarquable ; Pau se fait surtout remarquer par l'absence des vents, Biarritz a pour elle l'air de la mer, Dax ses sources et sourtout ses boues thermales, Arcachon ses forêts de pins et leurs éfluves résineuses. Aussi, est-il facile pour le malade de trouver dans l'une d'elles les conditions qui lui seront les plus favorables.

Pour celui chez lequel les conditions médicales ne sont que secondaires, et qui veut à la fois trouver un climat tempéré et d'agréables distractions, il n'aura que l'embarras du choix, car dans l'une comme dans l'autre, tout a été disposé à souhait, et maintenant il rencontrera partout le confort le plus complet.

De nombreuses projections ont fait passer sous les yeux de l'auditoire, les sites les plus intéressants des stations dont il vient d'être question.

Toulouse, imprimerie Durand, Fillous et Lagarde.

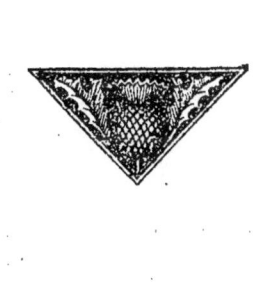